정명림 글

역사를 좋아해서 대학에서 역사를 공부했습니다. 사람들이 살아가는 모습에 관심이 많아 어릴 적부터 책 읽기를 좋아했어요. 역사를 알면 세상을 살아가는 힘이 생긴다는 믿음을 가지고 어린이 역사책을 쓰고 있어요. 어린이에게 역사를 조금 더 쉽고 재미있게 들려주기 위해 고민하며 공부하고 있답니다. 쓴 책으로는 《내가 찾은 암행어사》《대륙을 움직인 역관 홍순언》《내가 찾은 사신》《조국을 떠난 사람들》《시애틀 추장 연설문》《시민 불복종》이 있습니다.

장선환 그림

경희대학교 미술교육학과와 동 대학원 회화과를 졸업했습니다. 화가이자 그림책 작가로 활동하며 대학에서 학생들을 가르쳤습니다. 《선로원》으로 2024년 대한민국 그림책상 특별상을 수상했습니다. 쓰고 그린 책으로 《아프리카 초콜릿》《줄을 섭니다》《우주 다녀오겠습니다》《파도타기》《갯벌 전쟁》《날아라 아빠 새》 등이 있고, 그린 책으로는 《임진록》《땅속 나라 도둑 괴물》《최후의 늑대》《나는 흐른다》《강을 건너는 아이》《안개 숲을 지날 때》 등이 있습니다.
https://www.instagram.com/f_art_sunhwan/

이지수 기획

한양대학교 사학과를 졸업했으며, 요즘은 생활사공부모임에서 드러나지 않았던 우리 역사의 이면을 살펴보는 재미에 푹 빠져 있습니다. 어린이 역사책 기획자이자 작가로서 어린이들에게 역사가 재미있고도 의미 있게 다가갈 수 있도록 노력하고 있습니다. 기획한 책으로는 〈반가워요! 역사 속 인물〉 시리즈, 〈역사 속 우리 이야기 달마루〉 시리즈, 〈푸른숲 역사 인물 이야기〉 시리즈 등이 있고, 쓴 책으로는 《천천히 제대로 읽는 한국사 1》 역사 동화 《위험한 행운의 편지》 등이 있습니다.

광화문 600년의 기억

초판 1쇄 발행 2025년 8월 8일

글쓴이 | 정명림 그린이 | 장선환 기획 | 이지수
펴낸이 | 김사라 편집장 | 임수현 디자인 | 한아름 마케팅 | 박선정
주소 | 서울특별시 영등포구 양산로23길 17 2층
전화 | (02)364-7675(내용), 362-7675(구입) 팩스 | (02)312-7675
펴낸곳 | 해와나무 출판 등록 | 2004년 2월 14일 제312-2004-000006호
사진 자료 | 국립민속박물관, 국립중앙박물관

ISBN 978-89-6268-329-5 77910

ⓒ 정명림, 장선환, 이지수 2025

- 값은 뒤표지에 있습니다.
- 책 내용의 일부 또는 전부를 인용하거나 발췌하려면 반드시 저작권자와 출판사 양측의 서면 동의를 구해야 합니다.

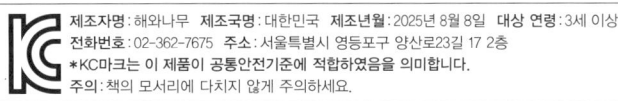

광화문
600년의 기억

정명림 글 • 장선환 그림 • 이지수 기획

해와나무

◆ 1394년, 새 도읍으로 옮기다

새 궁궐터는 여기가 좋겠구나!
조선 첫 임금 이성계는 새 나라에 어울리는 도읍으로 한양을 골랐어요. 한양은 사방으로 길이 나 있어 교통이 좋았거든요. 배가 다니는 물길도 있어서 지방에서 물건을 실어 나르기에 알맞았어요. 나라를 다스리기에 좋은 조건이었지요.
한양에서도 산세 좋고 평평한 터를 찾아 궁궐을 짓기로 했어요.

◆ 조선 최고 장인들이 모이다

임금님이 살 집을 짓는 일이 어디 보통 일인가요?
나라에서 집 짓는 솜씨가 가장 좋은 장인들이 모두
모여 솜씨를 펼쳤어요.

백성도 불려 와서 궁궐 짓는 데 일을 했지요. 궁궐을 둘러싼 담을 만드는 일에는 2만여 명이나 차례로 나와 힘을 보탰어요. 여름철에는 백성들이 농사 짓느라 많이 바쁘기 때문에 궁궐 공사는 가을걷이가 끝난 겨울에 했어요. 겨울에 꽁꽁 언 땅을 파내며 일을 해야 해서 백성들 고생이 이만저만 아니었답니다. 모두가 북적대며 일을 하는 가운데 궁궐이 서서히 모습을 드러냈어요.

◆ 1395년, 백성을 바라보다

드디어 새 궁궐 경복궁이 완성되었어요. 세종 임금 때는 궁궐 정문인 남문에 이름도 지었어요. 광화문은 '임금의 큰 덕이 온 나라를 비춘다'는 뜻이에요. 참으로 근사한 이름입니다.

광화문에는 무지개 모양으로 생긴 문이 세 개나 있어요. 가운데 문은 임금이 다니는 문이고 양옆은 신하들이 다니는 문이에요. 백성과 가까이 하려는 뜻으로 아침저녁으로 시각을 알려 주는 종과 북도 달았어요.

광화문 앞에서 남대문 쪽으로 육조대로가 생겼어요. 쭉 뻗은 육조대로를 거느린 듯 서 있는 광화문은 아주 당당해 보였답니다.

◆ 광화문은 임금님 얼굴

 궁궐을 짓고 나면 한양을 둘러싼 도성을 쌓아야 해요. 온 나라에서 30만 명이나 되는 사람들이 모여 다시 40여 일 동안 공사를 했어요. 애써 쌓은 성벽이 장맛비에 무너지면 다시 쌓기도 했지요.

　도성으로 들어오는 문도 여러 개 만들었어요. 그중 가장 중요한 문이 도성의 정문인 남대문이에요. 남대문으로 들어와 북쪽으로 뻗은 길을 따라가면 임금님이 계시는 궁궐이 나옵니다. 그 궁궐로 들어가는 대문이 광화문이었으니 광화문은 마치 임금님 얼굴과도 같은 문이었답니다.

◆ 임금님이 나가신다

　임금이 행차하거나 외국에서 사신이 올 때처럼 나라에 행사가 있으면 광화문 앞은 분주해져요. 색색의 천이나 실을 드리워 거리를 꾸미고 땅재주와 줄타기 같은 공연을 펼칠 무대와 천막도 만들어야 했거든요.
　왕비나 왕세자비를 맞아들일 때도 광화문 앞에서 관리들이 모여 인사를 했어요. 과거 시험도 광화문 앞마당에서 치렀어요. 이런 행사들은 백성들에게 흥미로운 구경거리가 되었답니다.

◆ 1592년, 임진왜란이 일어나다

1592년 4월 어느 날이에요.
멀리 남쪽 지방에 일본 군대가 쳐들어왔어요. 맞서 싸운 조선 군대가 힘없이 무너져 버리는 바람에 일본군은 거침없이 한양을 향해 밀고 올라왔어요. 이 소식에 임금은 궁궐을 버리고 도망쳤어요. 일본군은 궁궐을 손쉽게 차지하고 말았어요. 그때 궁궐에서는 불이 났어요. 조선 왕조의 기세를 뿜어내며 당당하게 서 있던 광화문은 불에 타서 사라지고 말았답니다.

◆ 잊혀 가는 광화문 앞마당

전쟁이 끝나고 임금이 돌아왔어요. 궁궐을 다시 지으려고 했지만 쉬운 일이 아니었습니다. 임금은 불에 타 없어진 경복궁은 그대로 내버려둔 채 창덕궁을 고쳐 새 궁궐로 삼았어요. 창덕궁의 정문인 돈화문 앞은 마당이 넓지 않아 예전처럼 나라 행사를 치를 수 없었어요. 가끔 임금이 경복궁 터에 들러 돌아보기도 하고 더러 광화문 앞을 과거 시험장으로 쓰기도 했어요. 영조 임금 때는 백성에게 양잠을 권하기 위해 누에고치 치는 행사를 한 적도 있어요.
하지만 광화문 앞에서 치러지던 행사들이 서서히 사라져 갔지요. 경복궁이 있던 빈터에는 숲이 우거져 호랑이가 나오기도 했어요. 한때 궁궐 정문으로 이름이 빛나던 광화문은 무성하게 자라난 풀에 가려진 채 점점 잊혀 갔습니다.

◆ 1868년, 경복궁을 다시 짓다

나라 안팎으로 어수선하던 시기에 고종이 어린 나이에 임금이 되었어요. 아버지인 흥선대원군은 나라의 기틀을 바로잡고자 어린 고종을 대신해 나라를 다스렸어요. 왕조의 위엄을 세워야 한다며 경복궁을 다시 짓기로 했어요. 이때 왕조의 위엄을 더욱 돋보이게 만들고자 광화문 앞을 주변 터보다 높여 난간을 세운 월대도 만들었답니다. 대원군은 공사비를 마련하기 위해 무리하게 돈을 거둬들였어요.

나라 경제가 혼란해지고, 시도 때도 없이 공사장에 불려 나오는 백성들의 고생도 말이 아니었지요. 백성들의 원망이 높아 가는 가운데 마침내 공사가 마무리되었어요. 옛 자태를 되찾은 광화문에서는 다시금 종이 울렸습니다.

◆ 무너지는 경복궁

　1910년에 조선은 일본의 식민지가 되고 말았어요. 일본은 조선 왕조를 무너뜨리고 주인 노릇을 하려고 경복궁에 있는 건물을 하나씩 부수기 시작했어요. 다행히 광화문은 없어지지는 않았지만 더 이상 임금님 얼굴을 상징하는 문이 아니었어요.

　1915년에 일본은 경복궁에서 조선물산공진회를 열었어요. 일본 덕분에 조선이 발전한 것처럼 보여 주려는 전시회였어요. 발전된 일본이 뒤떨어진 조선을 지배하는 게 당연하다는 생각을 심어 주려는 행사였지요.

◆ 1926년, 밀려난 광화문

경복궁을 한갓 구경거리로 만든 것도 모자라 일제는 총독부 건물을 경복궁 앞에 지었어요. 조선 왕실의 위엄을 상징하는 궁궐 앞에 식민지 지배의 건물이 들어서게 된 거예요. 일제는 광화문이 새로 자리할 총독부 건물을 가리게 되자 광화문을 옮기기로 했어요.

 뜻 있는 이들이 신문과 잡지 등의 언론 매체를 통해 광화문 이전에 반대하는 글을 실었지만 소용이 없었어요. 광화문은 경복궁 동쪽 구석으로 옮겨졌어요. 광화문은 궁궐 정문이라는 의미도 잃고 자리마저 빼앗겼어요.

◆ 1950년, 전쟁이 일어나다

1945년에 해방이 되면서 총독부 건물은 중앙청으로 이름이 바뀌었어요. 광화문 앞길 이름도 세종로라고 새로 지었어요. 광복을 맞이했지만 거리는 여전히 어수선했어요. 그러던 어느 날 사람들이 짐 보따리를 이고 지고 서울을 떠나기 시작했어요. 한국 전쟁이 일어난 거예요. 사람들처럼 피난도 가지 못하고 광화문은 텅 빈 서울 거리를 지켜야 했어요. 그때 어디선가 폭탄이 날아와 광화문 다락을 부숴 버렸어요. 돌로 된 몸체만 남아 있는 광화문은 몹시 초라해 보였습니다.

◆ 1968년, 콘크리트로 복원된 광화문

광화문은 전쟁이 끝나고도 오래도록 부서진 채로 남아 있었어요. 1968년, 어느 정도 나라가 안정이 되자 광화문을 다시 만들었어요. 광화문 뼈대는 나무를 구하기 어렵다는 이유로 콘크리트로 만들었어요. 전통 방식이 아니라며 반대하는 의견도 있었지만 광화문은 옛 모습을 살려 새로 태어났어요. 위치도 경복궁 앞이자 중앙청 건물 앞으로 되돌아왔어요. 하지만 광화문이 옮겨졌던 사이 원래 자리에는 이미 도로가 나 있었어요. 그래서 제자리에서 살짝 비껴 세워지게 되었습니다.

◆ 1995년, 중앙청을 철거하다

일제가 만든 조선 총독부 건물 이름은 중앙청으로 바뀌었지만 여전히 경복궁을 가리고 있었어요. 게다가 식민지 역사를 고스란히 보여 주는 건물이라며 중앙청을 없애야 한다는 여론이 들끓었어요. 건물을 그대로 두고 역사의 교훈으로 되새겨야 한다는 반대 의견도 만만치 않았지만 마침내 중앙청 건물은 1995년, 광복 50주년에 맞추어 철거되었어요. 제자리를 잃은 광화문도 경복궁과 나란히 맞춰 다시 만들기로 하고 2007년에 철거하였답니다.

◆ 2010년, 광장과 함께

　드디어 광화문이 원래 자리에 들어섰습니다. 돌로 담을 쌓고 다락을 올려 예전 설계 도면대로 꼼꼼하게 만들었어요. 광화문 이름을 쓴 현판도 고종 임금 때 썼던 글씨체를 되살려 새로 써서 달았지요. 처음 만들어진 뒤로 여러 차례 부서지고 다시 만들어지고 했던 광화문이 이제 거의 제 모습을 찾았어요. 광화문 앞으로 뻗은 도로는 광장이 되었지요.

　광화문 광장으로 들어서면 광장 가운데 우뚝 서 있는 세종대왕과 이순신 장군 동상이 우리를 반겨 줍니다. 광화문이 바라다보이는 광장은 수많은 시민이 여유롭게 거닐고 편안히 쉬어 가는 놀이마당이 되었어요. 분수에서 뿜어낸 물줄기가 무지개를 만들고 아이들 웃음소리가 광장을 가득 떠다녔지요.

◆ 2022년, 광화문 광장으로 모이는 사람들

광장을 품은 광화문은 우리와 더욱 가까워졌습니다. 광장에서는 시시때때로 다채로운 문화 공연이 벌어져요. 때로는 더 나은 세상을 꿈꾸는 이들의 목소리가 울려 퍼지기도 합니다. 저마다 다른 목소리지만 모두 한데 모여 광화문 광장을 민주주의의 불꽃으로 채웁니다.

2022년에는 광장 옆 도로 한쪽을 막는 공사가 마무리되어 광장이 더욱 넓어졌습니다. 한껏 넓어진 광장에는 그해 열린 세계적 축구 대회인 월드컵 경기 응원을 위해 또 한 번 많은 이들이 모였어요. 2002년의 열기를 되살려 하나 된 목소리로 대한민국을 응원했답니다.

◆ 자랑스러운 광화문

둥! 둥! 둥! 북소리가 울리면 취타대 연주와 함께 붉은 철릭을 입은 수문장이 교대할 수문군을 이끌고 등장합니다. 조선시대 왕실 호위 문화를 보여 주는 전통문화 행사인 경복궁 수문장 교대 의식이 시작됐어요. 지금은 관광객을 위한 볼거리로 하는 공연이지만 조선시대에는 실제로 군인들이 광화문을 든든히 지켰겠지요.

수문군은 새로 완성된 월대 위를 발걸음도 당당하게 행군한 뒤 줄을 맞춰 늘어섭니다. 월대는 일제강점기 때 망가져 땅에 묻혀 있던 것을 복원하여 2023년에 완성했어요. 이때 흰 바탕에 검은색 글씨로 되어 있던 현판도 검은 바탕에 금빛으로 글씨를 써 새로 달았답니다.

드디어 제 모습을 찾은 광화문의 자태가 문을 지키는 수문군 대열과 어우러져 더욱 웅장해 보입니다. 시련 속에서도 꿋꿋하게 자리를 지켜 온 600살 광화문은 앞으로도 오래도록 우리 역사와 함께할 것입니다.

광화문의 역사

19세기 광화문의 모습

우리가 볼 수 있는 가장 오래된 광화문으로 모습이에요. 지금과 다르게 광화문 밖 바로 앞으로는 월대가 펼쳐져 있어요. 월대는 궁궐에 있는 중요한 건물이나 궁성 문 앞에 놓인 단을 말해요. 광화문 앞 월대에는 특이하게 난간이 있네요. 난간 끝 양쪽에는 옳고 그름을 가린다는 상상 속 동물인 해치 동상이 놓여 있어요.

1915년의 광화문

일제는 경복궁에서 1915년에는 조선물산공진회, 1929년에는 조선박람회를 열었어요. 사진은 조선박람회 때 입구로 쓴 광화문이에요. 단아하고 기품 있는 돌담은 온데간데없고 괴상한 장식이 잔뜩 붙어 있어 우스꽝스러워 보이기까지 해요. 조선 왕실을 상징하는 위풍당당한 광화문의 모습은 찾아볼 수 없게 되었어요.

조선 총독부 시대 광화문

광화문은 1927년에 경복궁 동쪽 밖 구석진 곳으로 옮겨 세워졌어요. 일제가 새로 지은 총독부 건물을 가린다는 이유로 헐어 버리려고 했어요. 조선인은 물론이고 몇몇 뜻 있는 일본인까지 나서서 광화문 보존을 요구했어요. 결국 헐리지는 않았지만 경복궁 구석으로 이전을 하게 되었어요.

6.25 때 파괴된 광화문

전쟁은 귀한 것들을 앗아가요. 1950년에 일어난 한국 전쟁은 광화문을 부숴 버렸어요. 폭격을 맞은 광화문은 나무로 된 부분이 모두 불타 돌로 된 몸체만 남았어요. 날갯짓하듯 활짝 편 아름다운 지붕도 사라져 버렸지요. 검게 그을린 돌덩이로 남은 광화문은 도시 풍경을 해치는 흉물로 꽤 오랜 동안 버려져 있어야 했어요.

콘크리트로 다시 지은 광화문

폭격으로 부서진 광화문은 1968년에 새로 태어났어요. 광화문을 어디에 지을 것인지를 두고 여러 의견이 있었지만 중앙청(옛 조선 총독부) 앞에 들어섰어요. 하지만 경복궁이 보이지 않아 광화문은 옛 조선 총독부를 지키는 건물처럼 보이네요. 비용 문제로 뼈대를 나무 대신 콘크리트로 만들었지만 겉으로 보기에는 위엄 있는 옛 광화문 그대로입니다.

옛 모습을 갖춘 광화문

다시 오랜 공사 끝에 2010년에 광화문이 공개되었어요. 광화문을 완전히 해체해서 다시 지으면서 살짝 틀어졌던 방향도 원래대로 바로잡았어요. 2023년에는 일제가 전차 선로를 만들면서 없애 버린 월대를 완전히 복원하고 현판 글씨도 고종 임금 때 훈련대장 임태영이 쓴 글씨로 써서 달았어요. 이제 온전히 옛 모습을 갖춘 광화문은 푸른 하늘 아래 고고한 자태로 서 있답니다.

서울의 사대문과 사소문

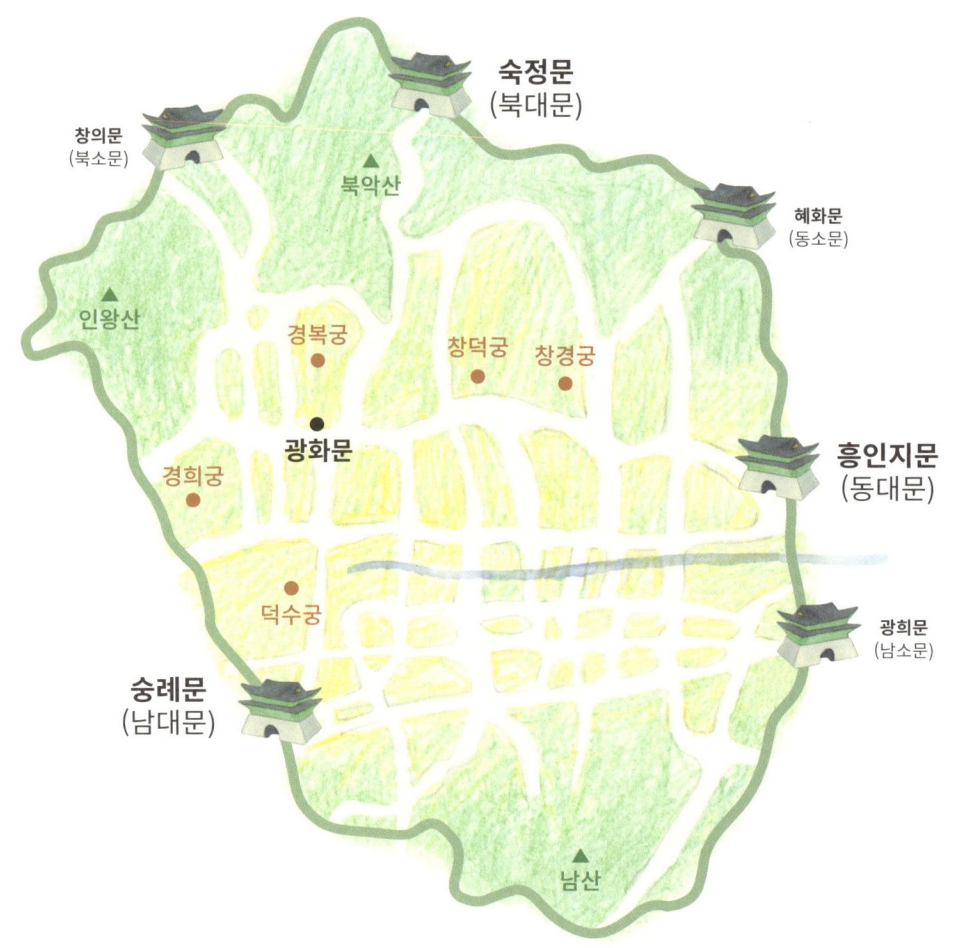

　조선시대에 지금의 서울인 한양은 조선의 수도로써 매우 중요한 곳이었어요. 한양 도성은 조선 왕조 도읍지인 궁궐과 행정관청, 시장이 들어서 있는 한성부의 경계를 표시하고 그 권위를 드러내며 외부의 침입으로부터 방어하기 위해 지은 성곽과 문을 말해요. 또 성곽과 그 안의 공간을 뜻하기도 하지요.

　한양 도성에는 사대문과 사소문을 두었어요. 성곽의 동서남북 네 곳에 대문을 만들었고, 그 사이사이에 작은 문(소문)을 만든 것이지요. 동대문, 서대문, 남대문, 북대문이라고 일컫는 이 문들은 제각기 이름이 있답니다. 동대문은 흥인지문, 서대문은 돈의문, 남대문은 숭례문, 북대문은 숙정문이라고 하지요. 도성을 나가는 사람이나 도성 안으로 들어오는 사람은 누구나 성문을 통해서만 출입할 수 있었어요. 성문과 주변에는 군사를 배치하였지요. 사대문 가운데 숭례문은 광화문과 마주 보는 위치에 있어 한양의 얼굴이나 마찬가지인 중요한 문이었어요.

　흥인지문은 우리나라 보물 제1호로 지정되었어요. 돈의문은 일제 강점기에 철거되어 남아 있지 않아요. 숭례문은 국보 제1호로 지정되었어요. 숙정문은 다른 문들과는 달리 현재까지 양쪽 성곽이 온전히 보존되어 있어요.

　사소문은 동북쪽의 혜화문, 동남쪽의 광희문, 서남쪽의 소의문, 서북쪽의 창의문을 말해요. 소의문은 일제 강점기에 도로 정비를 이유로 철거되었어요. 혜화문은 도성에서 함경도 등 북방과 연결되는 문이었어요. 소의문과 광희문은 시신을 옮기거나 장례 행렬 때 쓰였어요. 창의문은 군인의 출입문이었다고 해요.

조선 제일의 문, 광화문

문은 사람이나 물건이 드나들도록 만든 곳을 말해요. 예부터 문으로 좋은 것도 나쁜 것도 드나든다고 여겼기 때문에 선조들은 문을 만드는 일을 매우 중요하게 생각했어요. 그래서 문은 궁궐만큼이나 정성을 들여 만든 건축물이었어요.

조선시대에 지어진 궁궐 문들을 함께 살펴볼까요? 궁궐 문이나 성곽 문을 보면 문 위에 다락이 있어요. 문 위에 있는 다락이라고 해서 문루라 해요. 대개 궁궐 문은 나무로 만든 문 위에 문루를 짓는 형태로 지어요. 창덕궁의 정문인 돈화문이나 덕수궁의 정문인 대한문 같은 궁궐 정문이 바로 이렇게 지어진 문이에요.

광화문은 돌로 몸체를 쌓고 그 위에 문루를 지은 형태예요. 보통 적이 침입하는 것을 감시하기 위해 중요한 성곽에 만들던 문은 이렇게 지었지요. 광화문은 거대한 몸체에 문루를 2층으로 지어 웅장함을 더했어요. 광화문은 무지개 모양을 본떠서 아치형으로 만든 문인 홍예문을 세 개나 만들었어요. 한양 도성의 정문이었던 숭례문도 홍예문은 하나거든요. 그만큼 광화문은 조선 정궁인 경복궁의 정문으로써 조선 왕조의 위엄을 보여 주기 위해 특별히 더 크고 화려하게 만들었답니다.

대한문

돈화문

숭례문

광화문